**PRA ONDE QUER QUE
EU VÁ SERÁ EXÍLIO**

Suzana Velasco

PRA ONDE QUER QUE EU VÁ SERÁ EXÍLIO

Coleção Dramaturgia

Cobogó

O Núcleo de Dramaturgia Firjan SESI foi criado em 2014 com o objetivo de descobrir e desenvolver novos autores de teatro no estado do Rio de Janeiro. De cada turma, selecionada através de inscrições, resultam textos inéditos, publicações e a montagem de um espetáculo teatral na rede de teatros da Firjan SESI.

De março a dezembro de 2019, os novos autores tiveram a oportunidade de trocar experiências e estimular a criação de dramaturgias que expressem novas visões de mundo e dialoguem com diferentes públicos. Tudo isso através de estudos, oficinas, palestras, bate-papos e leituras voltadas à formação em dramaturgia.

Os textos desenvolvidos foram encenados na Terceira Semana do Núcleo de Dramaturgia Firjan SESI, realizada em outubro de 2019 no Instituto Oi Futuro – Flamengo, parceiro do projeto. Na ocasião também foram promovidas conversas com nomes importantes do teatro brasileiro.

Esta publicação apresenta uma das várias dramaturgias finais desenvolvidas pela quinta turma (2019), resultado do estudo, da pesquisa e do turbilhão criativo que envolveu os 15 participantes nesses dez meses de Núcleo.

Boa leitura!

**Divisão de Cultura e Educação
Firjan SESI**

SUMÁRIO

Algum sentido ou sensação para o que possa
ser uma casa, por Diogo Liberano   9

PRA ONDE QUER QUE EU VÁ SERÁ EXÍLIO   19

Apêndice: "Casa são as pessoas",
por Suzana Velasco   67

Recolher desejos pelas frestas,
por Suzana Velasco   73

Algum sentido ou sensação para o que possa ser uma casa

Uma casa sem teto, com paredes cheias de buracos, ainda pode ser uma casa? Um imponente muro com dez quilômetros de extensão e três metros de altura, quando atravessado por uma gangorra, consegue se tornar um espaço propício aos encontros? Uma árvore de raízes profundas e com folhas verdes, mesmo sem chuva, solitária numa paisagem desértica, ainda pode ser um abrigo para alguém desamparado? E uma dramaturgia, o que ela pode? O que uma dramaturgia ainda pode?

Ainda não sabemos o que pode uma dramaturgia, e em *Pra onde quer que eu vá será exílio*, criada pela autora Suzana Velasco durante as atividades da quinta turma (2019) do Núcleo de Dramaturgia Firjan SESI, não saber parece ser um ingrediente primordial tanto para a vida de seus personagens como para a vida do próprio texto. Ao recusar dar fechamentos a um punhado de vidas humanas, mais do que colocar tais vidas em risco, o que a presente dramaturgia parece fazer é estimular a nossa capacidade de imaginar outras possibilidades que não apenas aquelas já conhecidas.

Em três atos ("Casa mutilada", "Muro fraturado" e "Árvore habitada"), entrecortados por dois interlúdios, entramos em contato com personagens que nos são apresentados por diálogos distribuídos em 11 capítulos. Laila, Ana, Aslan, Rosa, Kalu e Deniz, pessoas que outrora chamaríamos de personagens, são flagrados numa constante busca por algum sentido ou sensação para o que possa ser uma casa. O que é casa para você? Casa é o lugar de onde partimos, outro dirá que casa é onde bate sol, casa é onde não tenho medo, ela diz, casa para mim são as pessoas; nesta dramaturgia, casa é sempre no plural, porque é específica para cada um e cada uma. Pessoas e casas como arranjos singulares, nascidos em contextos específicos, nunca previamente definidos ou inteiramente dados.

Porque, afinal, como resgatar a singularidade de vidas copiosamente soterradas por tantos sentidos prontos e categorias predefinidas? Como romper o lacre imposto por assuntos e temas midiáticos? Como rasgar a notícia? Como atravessar conceitos que muitas vezes, de modo genérico, simplificam vidas dissonantes e múltiplas? É construindo as propriedades de cada corpo, de cada história humana, que a presente dramaturgia se levanta. E é diante dessas provocações que a autora Suzana Velasco conjura uma preciosa saída: o detalhe.

Aqui, o detalhe é tudo menos um detalhe. É a casa sem teto, o sabor das azeitonas, a fita VHS, o muro atravessado por uma gangorra, a cor mutante de um par de olhos, aqueles cachinhos na nuca, o som de um instrumento desafinado que para alguém é sinônimo de um beijo longo e para outro alguém, o som de bombas explodindo distantes. É no residual – e mesmo no supérfluo – que a vida se inscreve; é no resto que a vida parece restar protegida. O específico, assim, torna a vida dos personagens algo um tanto tátil. Tornada tátil, a vida dos personagens se encontra com a minha, seu leitor. Há, assim, uma operação bastante propositiva que sinaliza o universal por meio do particular: quanto mais esses personagens são quem são, quanto mais agem por seus modos peculiares, quanto mais padecem e gozam de suas alegrias e tristezas, mais eu, seu leitor, consigo me identificar com eles.

Durante os dez meses de atividades da quinta turma do Núcleo de Dramaturgia, de março a dezembro de 2019, realizamos 38 encontros, cada qual com três horas e meia de duração, um por semana. Nesse longo percurso, a pergunta que nos animava era menos o que é dramaturgia e mais o que uma dramaturgia poderia ser. O que você deseja que sua dramaturgia possa ser? É em resposta a tal indagação que a trama de Velasco se constrói e apresenta, sustentada pelos desejos da autora quando frente às possibilidades que uma dramaturgia tem de nos ensinar algo sobre o agora em que estamos.

Ao afugentar definições apressadas, abrindo-nos um repertório maior de possibilidades, esta dramaturgia reduz alguma acostumada fome por fechamentos e fatalidades. Não é o fim que importa, mas o modo pelo qual cruzamos cada caminho. Como leitor, não saberia dizer se se trata da vida de refugiadxs, imigrantes, emigrantes, exiladxs ou qualquer outra categoria substantiva. O nome aqui não importa, importam as vidas que um nome esconde. No lugar de definições, o que brilha é uma escrita interessada em compor vidas humanas pelo viés do detalhe. Vidas plurais, singulares e específicas em suas distintas temperaturas, feições e gestos. Destaco, assim, a imensa tarefa que é escrever de modo singular sobre aquilo que, habitualmente, nos é apresentado de forma tão apressada, tão genérica e *coisificante*.

Pra onde quer que eu vá será exílio, arrisco dizer, coloca em suspeita a própria noção de representação. Conceitos, ideias e imagens que criamos do mundo ou de alguma coisa do mundo por vezes parecem insuficientes, tendo em vista que desconhecem ou mesmo destroem as especificidades de cada coisa representada. Ao recusar construções genéricas para seus personagens, Velasco impede que sua dramaturgia esteja sujeita a uma representação unívoca e apaziguada de tais vidas e histórias pessoais, como se todas as vidas fossem e pudessem ser apenas uma só. É como afirma o filósofo Achille Mbembe, ao se referir a contextos racistas e xenofóbicos:

> A vontade de representação é, no fundo, uma vontade de destruição. Trata-se de fazer violentamente que algo passe a ser nada. [...] Como operação simbólica, a representação não necessariamente abre caminho para a possibilidade de reconhecimento recíproco. De saída, na consciência do sujeito que representa, o sujeito representado corre sempre o risco de ser transformado em um objeto ou um brinquedo. Ao se deixar representar, ele se priva da capacidade de criar, para si mesmo e para o mundo, uma imagem de si mesmo. Ele é obrigado a assumir uma imagem contra a qual terá de lutar incessantemente. [...] da qual não é o autor e na qual não se reconhece.[1]

Se não está interessada em destruir a humanidade de seus personagens, podemos afirmar que esta dramaturgia persegue justamente um esforço de construção num

---

1. Mbembe, Achille. *Políticas da inimizade*. Trad. Sebastião Nascimento. São Paulo: N-1 edições, 2020, p.143.

mundo que segue destruindo existências diversas em prol do famigerado enunciado de que somos todos iguais porque somos todos humanos, ora. É nesse sentido que uma dramaturgia tem muito a dizer não apenas enquanto uma narrativa inventada, aquilo que costumeiramente é chamado de ficção; uma dramaturgia tem muito a dizer também sobre o mundo enquanto o texto que o mundo é, o texto pelo qual se escreve o que tem sido este mundo.

Texto-mundo: que corre entre bocas e distintas línguas, texto que escreve leis, teses e notícias, texto composto por palavras, sentidos e formatado por morais diversas. Quando diante deste texto, ante este mundo, uma dramaturgia tem muito a dizer sobre a vida humana, porque ela não tem medo de modificar os arranjos e rearranjar os sentidos, ela não tem medo de nos provar que a vida não precisa ser apenas o que tem sido. É por isso que não podemos saber o que pode uma dramaturgia, porque ela nunca para de poder, pois a escritura do mundo continua em fazimento.

DENIZ: A gente pode inventar uma outra história. A de uma mulher que viveu na árvore, por exemplo.

ROSA: Como?

DENIZ: Sei lá, uma mulher que subiu na árvore porque tiraram a casa dela.

ROSA: Por que tiraram a casa dela?

DENIZ: Talvez tenham destruído a casa. Ela morava num acampamento de refugiados numa praça.

ROSA: Lá vem você com esse tema, já falei que não vou interpretar uma refugiada.

DENIZ: Tá bem, foi só um exemplo. Pode ser uma moradora de rua que montou uma tenda numa praça. Tiraram ela de lá, destruíram a tenda e queriam levar ela pra um abrigo.

ROSA: Aí ela sobe na árvore pra protestar?

DENIZ: Ela mora na árvore por cinco dias e quatro noites, exigindo aquela tenda de volta. Uma tenda na praça, não no abrigo. Mas a gente pode criar o mito de que ela passou um ano na árvore. E cada folha da árvore é um dia da vida dela.

ROSA: Tá muito rocambolesco isso.

DENIZ: É uma fábula, Rosa. Não era você que queria ser outra coisa? Tô te oferecendo uma heroína trágica.

ROSA: De onde ela é?

DENIZ: Ela pode ser de qualquer lugar. Gente sem casa tem no mundo inteiro.

ROSA: Mas a gente tem que criar um contexto pra ela. Ela consegue a casa de volta?

Em *Pra onde quer que eu vá será exílio*, Velasco parece investir carne na dimensão reificante dos enunciados. "Mas a gente tem que criar um contexto pra ela", afirma Rosa. Devolver contexto a uma vida seria algo como reconhecê-la feito vida específica e não como todas as vidas. Devolver contexto a uma vida seria algo como revolver palavras em busca de sentidos outros que sejam efetivamente capazes de nos dizer e dar a ver aquilo que somos e sentimos. É nesse esforço do texto em forjar contextos subjetivos que novas histórias são escritas, e são elas, essas novas e outras histórias, que refletem e colocam em reflexão um punhado de vidas que não podem ou que foram impedidas de assumir seu lugar neste mundo, vidas impedidas de seu protagonismo.

Eis a diferença primordial de uma dramaturgia quando ela conversa com nossa época: ela nos lembra não necessariamente quem somos, mas quem ainda não conseguimos nos tornar, quem ainda podemos vir a ser. Para isso, mais do que conjurar e propor uma realidade final e resoluta, Velasco ressalta em seu texto a importância da busca, a perseverança da procura, pois se abandonarmos essa tarefa seremos prontamente nomeados e, por extensão, *coisificados*.

Pra onde quer que eu vá será exílio é saldo do último jogo realizado pela quinta turma, intitulado Jogo #5 – Dramaturgia final, que teve início em fins de setembro de 2019, com a entrega de suas regras à turma. No início de outubro, cada autor(a) realizou um encontro individual comigo, no qual fizemos a leitura de um breve texto (no mínimo três, no máximo cinco páginas) que listava os desejos que animavam a criação de cada dramaturgia final. Nesse encontro-conversa, com duração de uma hora, abriram-se caminhos, perguntas, referências e procedimentos para o processo de composição textual. Um mês após esse encontro, já início de novembro, a primeira versão do texto (completa ou não) foi enviada a mim. Fiz uma única leitura comentada e enviei para o(a) respectivo(a) autor(a) um arquivo de áudio com tal leitura. A versão final da dramaturgia, com no mínimo 31 páginas, foi enviada 15 dias após o recebimento dos meus comentários.

É difícil afirmar, no entanto, o momento exato em que esta dramaturgia começou a ser gestada, pois os encontros do Núcleo são estimulantes à criação, quer se saiba estar criando ou não. Eis um investimento: a coletividade daquele encontro específico de pessoas que, nutridas por um interesse em comum (estudo e criação de dramaturgias), acabam compondo mais do que apenas textos, compõem também intimidade, confiança e mútuo respeito. Nesse sentido, *Pra onde quer que eu vá será exílio* é também uma resposta textual e afetiva a um percurso que mesclou repertórios conteudísticos e subjetivos num espaço-tempo sempre dedicado à troca e à partilha. Esta foi e continua sendo uma das principais investidas do Núcleo: dedicar-se à diversidade de modos de criação dxs autorxs que compõem suas turmas a cada ano. Pois se este projeto está interessado na formação de pessoas interessadas na escrita de dramaturgias, como determinar de antemão o que é dramaturgia? Há um modelo único do que deva ser uma dramaturgia? Ou ainda podemos inventar outros modos para compô-las?

Como coordenador do Núcleo, registro a minha profunda satisfação em, mais uma vez, ter a Cobogó publicando dramaturgias criadas por autoras e autores de nosso projeto. Já são nove: além de Velasco e *Pra onde quer que eu vá será exílio*, também *cão gelado*, de Filipe Isensee, e *Das Dores*, de Marcos Bassini. Somam-se a estas as publicações da quarta turma (2018): *SAIA*, de Marcéli Torquato, *Só percebo que estou correndo quando vejo que estou caindo*, de Lane Lopes, e *DESCULPE O TRANSTORNO*, de Jonatan Magella; e as dramaturgias da terceira turma (2017): *ROSE*, de Cecilia Ripoll, *Escuta!*, de Francisco Ohana, e *O enigma do bom dia*, de Olga Almeida.

Às autoras e aos autores da quinta turma do Núcleo – Agatha Duarte, Filipe Isensee, Gabriela Chalub, João Ricardo, Leonardo Hinckel, Lúcio Martínez, Marcos Bassini, Mayara Maximo, Paulo Barbeto, Sergio Lipkin, Sonia Alves, Suzana

Velasco, Teo Pasquini e Tiago Torres –, agradeço pelas experiências que vivemos juntxs.

Em especial, agradeço ao coordenador de cultura e educação Firjan SESI, Antenor Oliveira, e aos analistas culturais Robson Maestrelli e Júlia Santos por tornarem possível a existência e a continuidade de um projeto tão importante para a dramaturgia brasileira.

Diogo Liberano
Coordenador do Núcleo de Dramaturgia Firjan SESI

PRA ONDE QUER QUE EU VÁ SERÁ EXÍLIO

de **Suzana Velasco**

Quem foi que te disse, rei, que já não há ilhas desconhecidas, Estão todas nos mapas, Nos mapas só estão as ilhas conhecidas, E que ilha desconhecida é essa de que queres ir à procura, Se eu te pudesse dizer, então não seria desconhecida, A quem ouviste tu falar dela, perguntou o rei, agora mais sério, A ninguém, Nesse caso, por que teimas em dizer que ela existe, Simplesmente porque é impossível que não exista uma ilha desconhecida.

Depois, mal o sol acabou de nascer, o homem e a mulher foram pintar na proa do barco, de um lado e do outro, em letras brancas, o nome que ainda faltava dar à caravela. Pela hora do meio-dia, com a maré, A Ilha Desconhecida fez-se enfim ao mar, à procura de si mesma.

José Saramago, *O conto da ilha desconhecida*

CASA MUTILADA

Uma casa sem teto, as paredes cheias de buracos, ainda pode ser uma casa. A porta fica aberta, escancarada, porque alguém quis assim. Uma casa sem teto ainda pode ser uma casa se entre os buracos há vidas que sonham, temem, dançam, sonham, comem, bebem, esperam, lembram, sonham. Pode ser uma casa se ela se enche de gente, mesmo em imaginação. Uma casa sem teto, as paredes cheias de buracos, não é necessariamente uma casa, mas pode ser.

0.

Já não há mais fita VHS nem fita cassete, fotos da ilha ou da casa com ou sem teto, já não há mais lembranças da calçada quebrada, das procissões religiosas. Elas se foram junto com Ana e Aslan. Não há roncos ou sons de buzina na vizinhança. Nem bombas há mais. Só se ouve o ruído de uma correnteza. Laila entra com uma sacola e fecha a porta, mas a água acha seu caminho pela fresta no chão. Afunda-se na poltrona surrada, tira os sapatos, massageia os pés molhados e dá um leve sorriso de alívio. Acende um cigarro. Traga profundamente:

A casa não tem teto mas não dá pra ver a lua nem as estrelas, a fumaça negra cobre tudo. Você consegue sentir o cheiro de terra queimada, pai? Essa cidade se perdeu na poeira e na neblina. Tudo está impregnado desse fedor.

Laila tira da bolsa um saco de um quilo de farinha de trigo sem fermento, outro de um quilo de cal de pintura e um pote de cola branca. Dilui a cola numa vasilha com água. Esparrama a farinha e a cal num balde e acrescenta a cola vagarosamente, misturando com uma colher. Um pouco mais de água, mistura, um pouco mais de água, mistura, só um pouco mais. O pai guardava baldes e baldes de massa corrida em casa: bentonita, água, calcita, dolomita, parafina, emulsão acrílica, aguarrás, bactericida. Mas essa aqui só tem farinha de trigo sem fermento, cal de pintura, cola branca e água. E as mãos de Laila, porque sem elas seriam só farinha de trigo sem fermento, cal de pintura, cola branca e água. Agora é uma argamassa que descansa.

Laila leva a bolsa para a mesa e tira o resto das compras:

Meu pai construiu essa casa quando ainda não havia quase nada aqui. Quando voltei pra cá com meu filho pequeno e a caçula bebê, ele só reclamava de como a cidade tinha se transformado, do barulho dos carros, das buzinas, dos jovens de noite, tanta gente na rua, lojas, cinemas, escolas, um assombro. Nada disso era pra sempre. Primeiro sumiu a padaria do fim da rua, bomba. Depois a calçada esburacada virou um buraco só, bomba. Alguns dias de silêncio e bomba, bomba, bomba. Acho que parei de ouvir as bombas no dia em que a casa da frente virou pó. Que foi o mesmo dia em que acharam o corpo do meu pai. Nessa noite eu dormi tão bem, mas tão bem, porque já não tinha mais medo. Havia anos eu não tinha um sono tão profundo. Foi como se tivesse parado de doer ali. E resolvi ficar.

No começo pensava que a explosão era sempre aqui do

azeitonas, hortelã, limões, duas berinjelas, azeite, alho, um saquinho de gergelim, sal, pimenta. Não havia páprica nem amêndoas. Até que havia muita coisa. Laila prova uma azeitona e agarra a berinjela como um troféu, que leva até o nariz. Quatro mil anos de cultivo na Índia, *baingan*, os árabes levaram para a Europa, *badhnjan*. *Solanum melongena*, *aubergine*, *eggplant*, *berenjena*, *melanzana*, *tongu*, *macumba*. Laila queria fazer escabeche ou babaganoush, mas não se lembra da receita. Hoje ela só vai grelhar as berinjelas e comer com molho de gergelim.

A argamassa não pode secar. Laila mergulha as unhas grossas na gosma branca e começa a tapar os buracos das paredes, primeiro num gesto brusco e em seguida de acariciamento, como se quisesse apaziguar a textura densa, para que ela seja absorvida lentamente. Imagina se o pai visse essa superfície irregular, ele que tinha ferramentas apropriadas pra tudo lado. Depois a gente aprendeu as distâncias: bomba na vizinhança, bomba no centro da cidade, bomba longe, bomba muito longe. Não era só o volume do estrondo, a duração era diferente. As bombas distantes faziam um zumbido que parecia um instrumento desafinado; as de perto eram rápidas e ensurdeciam a gente. No começo eu só conseguia dormir com o som de bombas muito longe. Em poucos meses já tinha me acostumado com as da vizinhança. Mas só dormi bem mesmo no dia em que a casa da frente virou pó. Que foi o mesmo dia em que acharam o corpo do meu pai. Hoje ele ia ter saudades até da calçada de pedras quebradas, tinha que passar com carrinho de criança como se fosse corrida de carro, ia ter saudades do mau humor do motorista de ônibus sempre atrasado, o pai dizia que ele era racista. Acho que era só bronco, mesmo. A gente sente falta até do que detesta.

Não lembro a quantidade dos ingredientes. Tenho a memória do cheiro, mas predo. Laila gosta de sentir a argamassa entre os dedos e esfregar, esfregar, fazer o volume correr. Alguns buracos não fecham, sugam a borra imediatamente para dentro, como se dissessem: Ei, desiste. Já era. Não dá pra varrer o pó de uma cidade em guerra, nem remendar uma parede sem carne. Só restam os ossos.

A massa escorre. A água já cobre as canelas de Laila. Com as mãos sujas, ela descasca e espreme um dente de alho e joga no liquidificador com água, gergelim, limão, sal e pimenta, sem se importar com as quantidades dos ingredientes. Liga o aparelho. Volta a haver algum ruído na casa. Laila lambe os dedos. Acende outro cigarro. Põe água pra ferver e corta as duas berinjelas. Sal. Pimenta. Azeite na frigideira. As fatias douram enquanto ela traga vagarosamente. A água sobe pelas pernas. Laila tira o molho do liquidificador e passa sobre as berinjelas ciso fazer um esforço. Se não ela se esconde e é muito difícil de achar. Agora a água vai limpar esse pó e quem sabe eu possa sentir. Passei a juventude longe, tentando lembrar o gosto, e meus filhos queriam que eu saísse daqui de novo? Anos com a mala embaixo da cama porque eu ia voltar em breve e esse dia nunca chegava. Quando a gente quer ir tem que ir logo, sem pensar muito, esperar o momento certo, se não ele nunca vem.

Cheguei com 18 anos na estação de trem, um sanduíche de tomate amassado e uma maçã. Nevava tanto. Fiquei enlouquecida com o elevador do alojamento. Passei a primeira noite indo pra cima e pra baixo, apertando os botões. Uma vida enfurnada naquela fábrica, eu não falava nada da língua nem ensinavam a gente, na verdade não queriam que a gente entendesse. Pra todo lugar que eu ia a mala ficava embaixo da cama. Era como se de repente eu pudesse sair correndo. Na hora de finalmente voltar, a mala nem fechava mais. Pra que guar-

grelhadas. Hortelã na água quente. Se senta na poltrona surrada e deixa a comida e o chá na pequena mesa ao lado. Massageia os ombros com as mãos brancas. Sorri de alívio e prazer.

Laila pega os restos da argamassa e os faz correr pelos braços, acariciando a própria pele, como se seu corpo também estivesse esburacado. Laila quer sentir a textura grossa da farinha de trigo sem fermento, da cal de pintura, da cola branca diluída em água, tudo misturado pelas suas próprias mãos, Laila quer comer as berinjelas douradas, talvez tenham ficado douradas demais, o molho de gergelim de proporções erradas, precisava de mais limão, imagina se a mãe provasse isso, a receita toda errada, mas o gosto lembra a mãe, a massa corrida lembra o pai, ela se cobre de lembranças e água e deseja, deseja ficar ali lembrando, deseja ficar, não precisa sair.

dei aquilo por tanto tempo? Minha mãe dizia que ia ser breve e eu passei minha juventude esperando. Imaginando o que poderia ser, o que poderia ter sido. Voltei e não reconhecia nada, a mãe já morta, o pai estranho. Depois veio essa coisa que chamam de guerra e que dura tanto tempo que já é a vida mesmo.

Ninguém pode imaginar a guerra, será falso. Não há imaginação, você a conhece ou não. E ela não vai acabar tão cedo. Acho que só quando meu pai morreu eu me dei conta do tempo que passou. Dormi tão bem. Nada, nada pra esperar. Não quero sair de novo, um dia vocês vão entender, Aslan, Ana. Não quero nunca mais arrumar uma mala. Agora que vocês escaparam, meus filhos, só quero acariciar as paredes dessa casa, tapar os buracos com a massa que eu mesma fiz, o pai se orgulharia, sentir mais uma vez o gosto da berinjela da mãe e adormecer na poltrona, enquanto a água sobe e me cobre.

I.

ANA: Aslan? Aslan, acorda.

ASLAN: Mãe?

ANA: Por que a porta tá aberta?

ASLAN: A mamãe voltou?

ANA: Tá escancarada.

ASLAN: Saiu ontem pra comprar cigarros e não voltou.

ANA: Não tem graça.

ASLAN: Fiquei aqui sentado esperando a noite toda.

ANA: Como saiu pra comprar cigarros e não voltou?

ASLAN: Saiu pra comprar cigarros e não voltou.

ANA: Pode ter acontecido alguma coisa, Aslan!

ASLAN: Ela não quer ir embora.

ANA: Mas ela vai voltar.

ASLAN: Não tenho essa certeza.

ANA: Ela não sabe que a gente tem que viajar hoje?

ASLAN: Ela não vai.

ANA: Será que ela já tá na rodoviária?

ASLAN: Ela não vai. Temos que arrumar as coisas.

ANA: Tá maluco? Ela vai voltar pra casa.

ASLAN: Ela não vai.

ANA: Não vou embora sem ela, isso não é uma opção.

ASLAN: A mamãe quer morrer aqui.

ANA: Não posso ir sem saber dela.

ASLAN: A gente pode não ter outra chance.

ANA: Não vamos mesmo ter outra chance de nos despedir.

II.

ASLAN: A gente tem que ir amanhã.

ANA: Essa noite ouvi buzinas, depois de muito tempo.

ASLAN: Não tem mais ninguém aqui.

ANA: Tanque de guerra tem buzina?

ASLAN: Tem um mês que a mamãe sumiu.

ANA: Também ouvi roncos.

ASLAN: Ela dizia pra gente jogar uns cigarros no caixão quando fosse enterrá-la...

ANA: Roncos de outra casa.

ASLAN: A mamãe não vai voltar.

ANA: Os moradores de rua ainda estão por aí.

ASLAN: Não dá mais pra esperar.

ANA: Não vou sem saber onde ela está.

ASLAN: Era você quem mais queria ir embora.

ANA: Lembra da notícia do boi que escapou de um cercado e ficou cinco dias vagando até encontrar o mar? Disseram que estava fugindo do abatedouro, mas o boi queria era ser livre. Deu uma volta na cidade, causou uns sustos, mas o espanto maior foi dele mesmo, quando viu o mar. Ele andou até a praia, imagina a distância! Não teve dúvidas. Todo mundo na praia desesperado, tentando mostrar o caminho de volta pro boi! Não dava pra ver que ele estava eufórico? Furou as ondas, ultrapassou os surfistas e nadou. Puxaram o bicho de seiscentos quilos com cordas, três horas de trabalho, mas não adiantou. Porra, podiam ter deixado ele morrer nadando. Ia ser vendido, comido. Nem conseguiu sonhar a própria morte.

ASLAN: Você quer morrer inundada? Daqui a pouco a água da represa bombardeada chega aqui.

ANA: Tenho uma certa inveja desse boi. Se tudo der errado eu me jogo no mar.

ASLAN: Não vai ser a praia das nossas férias.

ANA: Não tá tão frio.

ASLAN: De noite é gelado.

ANA: Pelo menos eu vejo o mar.

ASLAN: Tem um monte de gente morrendo.

ANA: Vamos depois da meia-noite. Já chamei todos os sem-teto pra nossa festa.

ASLAN: Ana, arruma suas coisas.

ANA: Esse VHS, "Dança do mágico", tem minha coreografia com cartola e capa dourada na escola, depois eu dançando na sala pro vovô filmar, aí você se joga na almofada da frente pra atrapalhar, lembra? Você não me deixava em paz. Não acho aquela fita em que você me dublava, como é que você conseguiu fazer aquilo mesmo? E quando você gravou um som de monstro e pôs debaixo da minha cama...

ASLAN: Você não é mais a criança do vídeo.

ANA: ... no meio da noite. Vou levar esse, em algum lugar do mundo deve dar pra ver um VHS. E essas fotos do acampamento na ilha, aonde fomos com os vizinhos... Onde será que eles estão agora? Você fez aquela bala falsa, lembra? Passou horas tirando o pavio da vela, cortou em rodelas, pôs açúcar em cima, embrulhou com papel de seda, os meninos comeram e cuspiram tudo! Como você ficou tão sério depois de adulto, não é a mesma pessoa. Essa ilha era meu lugar favorito e nunca vamos voltar lá. Também vou levar essa fita cassete com os sucessos dos anos 1990.

ASLAN: Na internet tem essa porcaria.

ANA: Não tem, não. Não tem a porcaria na ordem em que eu gravei, nem os barulhos da gravação, nem a minha letra: "Hits dos anos 1990". Não tem nada disso na internet.

ASLAN: Acha que vão te deixar levar um bando de tralha num barco de pescador amontoado de gente?

ANA: A gente vai conseguir pegar o avião. E cabe na mochila.

ASLAN: Para, Ana. Chega de teatro.

ANA: Você é inabalável com seu pragmatismo.

ASLAN: Toca aqui, Ana. Toca. Esse batimento cardíaco parece inabalável? Minhas mãos não são mais firmes. Meu corpo começa a tremer já na hora em que acordo. Quando acordo, porque geralmente não durmo. Pelo menos a cabeça eu preciso manter no lugar.

ANA: Aslan, a mamãe desapareceu. Ela pode estar morta, mas a gente não sabe.

ASLAN: Passo os dias e as noites procurando por ela na cidade. Meu corpo não aguenta mais. E você aqui, achando que um dia vai mudar tudo como a mágica dessa fita de vídeo que nem dá mais pra ver.

ANA: Continuo esperando.

ASLAN: Vai morrer esperando? Ou quem sabe você quer me ver ser levado pelo Exército no meio da noite? Quem sabe, no fim das contas, como soldado, eu encontro a mamãe.

ANA: Cala a boca!

ASLAN: Ana, estou exausto. Arruma sua mochila com o necessário.

ANA: Como eu vou saber o que é necessário?

ASLAN: O resto você vai ter que jogar no mar se a gente não conseguir pegar o avião.

ANA: Se eu tiver que jogar no mar, que se foda, Aslan. Que se foda! Eu vou levar meu VHS da "Dança do mágico", vou levar as fotos do acampamento na ilha, vou levar minha fita cassete com todas as músicas e todos os ruídos e se eu não conseguir ver nem ouvir nada que se foda, porque vai tudo apodrecer aqui mesmo.

ASLAN: É tudo inútil.

ANA: Você acha mesmo, irmão?

ASLAN: O quê, Ana?

ANA: Que dá pra começar uma vida nova?

ASLAN: Onde? Aqui?

ANA: Não. Uma vida nova. Não importa onde.

ASLAN: Sempre dá.

ANA: Só com o passaporte e o diploma universitário?

ASLAN: É só isso que a gente tem. Além das suas fitas velhas.

ANA: Sinto menos medo com elas.

ASLAN: Leva o que quiser, irmã. Só sei que não dá pra começar uma vida nova ficando aqui.

III.

ANA: Toma.

ASLAN: Temos que ficar sóbrios esta noite.

ANA: Agora precisamos nos despedir dessa casa que finalmente vai desabar.

ASLAN: A água já está entrando.

ANA: A noite está estranhamente quente.

ASLAN: Eu te dei este vestido.

ANA: Vem dançar essa música que a mamãe amava.

ASLAN: Tem alguma coisa mais forte que vinho?

ANA: A mamãe escondia um resto de absinto.

ASLAN: Nem na guerra falta bebida.

ASLAN: Você vai trocar o vestido pra viagem?

ANA: Toma, bebe.

Me amam o caminho, a casa,
e na casa uma jarra vermelha
amada pela água,

me amam o vizinho
o campo, a debulha, o fogo,

ASLAN: Pegou todas as suas inutilidades?

ANA: Tá tudo guardado: a calçada esburacada no caminho pra escola, a rua toda com essas pedras que se quebram. Guardei a mamãe contando histórias do vovô construindo a casa, sempre a casa e o vovô, o vovô e a casa. Fotos da casa com teto, fotos da casa sem teto. Guardei receitas da vovó, quem sabe um dia aprendo a cozinhar. Guardei até a procissão que me acordava todo feriado nacional.

ASLAN: Você odiava as festas religiosas.

ANA: Ainda odeio. A gente sente falta até do que não gosta.
Vem, me dá a mão.
Vai ser bom.

ASLAN: Passou o medo?

ANA: Não, mas você tá perto. E tem festa. Hoje a gente pode só dançar, não pode?

me amam braços que trabalham
contentes do mundo descontentes
e os arranhões acumulados no peito
exaurido do meu irmão atrás
das espigas, da estação, como rubis
mais rubros que o sangue.

ANA: ... no peito exaurido do meu irmão...

ASLAN: Você dança mesmo quando o mundo desmorona.

ANA: ... atrás das espigas, da estação...

ASLAN: Começaram as bombas.

ANA: Sobretudo quando o mundo desmorona.

ASLAN: Não param nem hoje.

ANA: São fogos de artifício.

ASLAN: Quem comemoraria uma noite dessas?

ANA: Nós dois. Finalmente vamos embora.
Vem, não para de dançar.

ASLAN: Meu corpo desaprendeu.

ANA: Cuidado com os meus pés.

ASLAN: Vou escorregar no chão molhado.

ANA: Será que dá mesmo pra começar uma vida nova?

ASLAN: Sim, sobretudo quando o mundo desmorona.

ANA: Deixa eu te levar.

ASLAN: Vou sentir saudades de casa.

ANA: Já me sinto longe de casa há tanto tempo.
Já estamos exilados dentro de casa, irmão.

A sala está cheia de gente. Alguns também dançam, quase todos bebem. São os convidados de Ana: os sem-teto, os bêbados que volta e meia dormem na casa de portas abertas. Ana e Aslan pulam poças d'água. O som de um zumbido dura no tempo como um instrumento desafinado.

ANA: Gosto de ver a casa cheia de novo.

ASLAN: Não tem ninguém em casa, Ana.

ANA: Claro que tem, olha em volta. Tá todo mundo dançando.

ASLAN: Ana...

ANA: Fecha os olhos e imagina: todo mundo dançando e cantando.

ASLAN: ... Nasci e nasceu comigo o deus do amor...

ANA E ASLAN: ... que fará o amor quando eu me for?

ASLAN: Será que já é hora?

ANA: Finge que é.

ASLAN: Vamos contar.

ASLAN E ANA: Dez.
Nove.
Oito.

ASLAN: Me dá um abraço.

Nasci e nasceu comigo o deus do amor
– que fará o amor quando eu me for?

ASLAN E ANA: Sete.
Seis.
Cinco.
Quatro.
Três.
Dois.
Um.
Feliz Ano Novo.

INTERLÚDIO

De que parte do país você vem? Você pegou a identidade do seu irmão? Quem te liberou? A quem você é leal? Quanto dinheiro tem aí? Canta o hino. O que mais você pode deixar? Se for, não volte. Tem certeza? Tem mesmo? Quantas vezes rezamos por dia? Não pode ser você. Por que não fez o serviço militar? Ajoelha e me chupa. Isso aqui está muito velho, onde você esconde o celular de verdade? Por que você está indo embora? Faz o juramento à bandeira. Este não é você. Por que não foi convocado? Que dialeto você fala? Abaixa. Mostra as fotos do celular. Quem é a moça que está com você? Onde está escondido o dinheiro? Abaixa logo. Só isso? Mostra o documento. Pra onde você vai? Você pegou a identidade do seu irmão? Mais rápido. Se voltar, vamos te pegar. Mais. Qual é seu nome verdadeiro? Engole. Por traição à pátria.

MURO FRATURADO

Uma gangorra atravessa o meio de um muro como um tiro. Um brinquedo de ferro com um assento de cada lado. A gangorra sobe e desce, sobe e desce. Sobe de um lado do muro, desce do outro lado, desce de um lado, sobe do outro – desde que duas pessoas brinquem. Sobe e desce no mesmo lugar. O muro permanece estático, imponente, mas, se você caminhar seus dez quilômetros morro abaixo, em algum momento vai achar uma passagem para o outro lado e chegar na área rica da cidade. Depende do ritmo do seu passo. Uma hora, duas horas. Uma parte do muro é feita de pedras, com arame farpado por cima, e ali se veem um lado e o outro. Mas aqui, onde a gangorra fratura a verticalidade, só se vê um dos dois. E concreto. Três metros de concreto. Se você sobe no brinquedo – ainda é um brinquedo uma gangorra que atravessa um muro de três metros de altura e dez quilômetros de comprimento? –, vê o céu um pouquinho mais de perto, e é só isso. Dá pra passar a mão pelo buraco atravessado pela gangorra. Dá pra espiar pelo buraco. Dá pra espiar, mas não se vê.

IV.

ROSA: De que cor são seus olhos?

ANA: Violeta.

ROSA: Mentira.

ANA: Tenho uma foto. Vou te passar pelo buraco. Toma.

ROSA: É em preto e branco.

ANA: Mas os olhos são violeta.
O sol tá batendo no meu rosto.

ROSA: Gosto quando chove, o morro enche de lama e meu pai me deixa faltar aula. Só não pode chover muito porque aí corre o risco da casa desabar. Fico tentando calcular quanto de chuva me faz feliz e quanto me deixa preocupada.

ANA: Achava que aqui sempre fizesse sol, mas vive nublado.

ROSA: Você é gringa? Fala diferente.

ANA: Sim, sou estrangeira.

ROSA: Nãããoo. Gringo é como a gente chama quem é aí desse lado.

ANA: Vocês são todos do mesmo país.

ROSA: Aí do seu lado eles não têm a pele assim. Vou pôr a mão aqui, olha só.

ANA: O tom de pele é parecido com o meu.

ROSA: Ah, então você não é gringa. Tá fazendo o que aqui?

ANA: Ainda não sei. Cheguei não tem nem um mês. Sou refugiada.

ROSA: Caramba, você veio de barco? Quase morreu?

ANA: Não. Vim de avião, mesmo.

ROSA: Ah, então não é refugiada.

ANA: Meu nome é Ana.

ROSA: Eu sou a Rosa. Ana é o nome da minha melhor amiga.

ANA: De onde eu venho não é um nome comum. Você já veio pra esse lado, Rosa?

ROSA: Já, mas meu pai não gosta que eu vá. Diz que não é pra mim. Ele descia o morro todo dia comigo, me deixava na escola no caminho e contornava o muro pra trabalhar aí. A gente pega uma van e depois ele tem que andar numas ruas lamacentas por um tempão. Mais de uma hora! Se a gente pudesse cruzar esse muro, estava do outro lado em dez minutos. Agora que ele arranjou outro trabalho, só precisa descer, mas não passa pro outro lado.

ANA: Eu levava três horas de ônibus pra cruzar a primeira fronteira, mas o governo fechou o caminho. Agora são 12 horas. Nosso ônibus foi parado no meio da madrugada. Levaram meu irmão até um beco pra ser interrogado.
Aqui não é tão longe da passagem.

ROSA: Mas eu moro lá em cima. Minha escola que é aqui embaixo. Sempre venho brincar na gangorra depois da aula.

ANA: Não brinco disso desde que era criança. Você consegue me deixar aqui no alto um pouco?

ROSA: Você não é criança?

ANA: Não. Quer dizer, acho que ainda sou às vezes. Pena que não dá pra te ver.

ROSA: Isso que é legal! Imaginar como são as outras pessoas. O ruim é que quase nunca tem ninguém aí do seu lado. Como você me imagina?

ANA: Você não tem mais que 15 anos. Olhos grandes, meio puxados, cabelos negros bem lisos e longos. Cara redonda.

ROSA: Eu acho que você tem olhos pretos. Acho, não, vi na foto. É bem alta e tem cara de brava.

ANA: Nunca imaginei que existisse um muro no meio de uma cidade que não está em guerra.

ROSA: Não está em guerra pra você.

ANA: Não fala besteira.

ROSA: Você acha que só tem um tipo de guerra? Vem aqui pra esse lado pra você ver, vem. Tem tiroteio, morre gente que nem barata. Tem dias que não dá nem pra sair de casa.

ANA: Você não sabe o que é a guerra.

ROSA: Dá pra imaginar.

ANA: Minha mãe sempre dizia que era impossível.

ROSA: Como é a guerra, então?

ANA: Eu vivia numa casa sem teto, as paredes cheias de buracos, e dormia ao som de bombas.

ROSA: Aqui tá cheio de casa metralhada.

ANA: Meu irmão ia ser convocado pro Exército, só que ele não queria matar ninguém. Já eu... Eu só queria viver, mesmo.

ROSA: Não tem tanque, mas tem blindado.

ANA: Na verdade, vou te contar um segredo, eu queria sair dali antes mesmo da guerra. Era como se eu tivesse saudades de uma casa que não sabia onde ficava. Queria escapar, mas quando precisei sair de verdade morri de medo. Minha mãe tinha desaparecido. Fui embora com meu irmão sem saber se ela está viva ou morta. Ele achou que estávamos indo para o paraíso e viemos parar aqui.

ROSA: Cadê seu irmão?

ANA: Tá por aí procurando trabalho.

ROSA: De quê?

ANA: De qualquer coisa.

ROSA: Meu pai disse que vocês vieram tirar nosso emprego. E ainda podem morar aí desse lado, enquanto ele tinha que descer todo dia pra limpar as piscinas dos gringos.

ANA: Eu não vou ficar.

ROSA: Me mostra seu olho? A foto é em preto e branco.

ANA: Peraí. Tá vendo?

ROSA: É preto, sua mentirosa, não tem nada violeta aí.

ANA: Não tem mais sol, não dá pra ver.

ROSA: Ahn?

ANA: Quando começou a guerra, o céu era só neblina e poeira. Céu negro dia e noite. Acho que meus olhos se desacostumaram.
Casa pra mim é onde bate o sol. Vou atrás dele.

ROSA: Onde?

ANA: Não sei. Numa ilha desconhecida, talvez. Quem sabe encontro minha mãe por lá.

ROSA: Onde fica?

ANA: Não está no mapa.

ROSA: Como não?

ANA: Nos mapas só estão as ilhas conhecidas. Mas mesmo as ilhas conhecidas podem desaparecer. A da minha infância nem sei se existe mais.

ROSA: Então que ilha desconhecida é essa?

ANA: Se por acaso eu pudesse te dizer, então não seria desconhecida, Rosa. Tô só esperando chegar a transferência de dinheiro do meu tio. Já fiz o mais difícil, que era deixar minha mãe sem saber se ela voltaria. Fiz 18 anos. Agora vou atrás do sol.

ROSA: Quem sabe minha mãe tá lá também.

V.

ANA: Rosa? É você?

KALU: Mandei minha filha pra casa. Está ficando tarde.

ANA: Será que se você subir bem alto na gangorra eu consigo te ver?

KALU: Impossível.

ANA: Como você sabe?

KALU: Porque sou o vigia.

ANA: A Rosa ficou com uma foto minha.

KALU: O vigia do muro.

ANA: Achei que a gente tinha que dar a volta no muro mas era livre pra ir e vir.

KALU: É pra controlar o vandalismo. Tem gente o tempo todo querendo quebrar o concreto, pichar. Alguém precisa manter a ordem.

ANA: Ei, que susto! Você tem que avisar antes de sair da gangorra! Eu quase caí.

KALU: Está ficando tarde, você também devia voltar pra sua casa.

ANA: Tem hora pra usar o brinquedo?

KALU: Não é brinquedo. Esse troço nem devia estar aqui.

ANA: Sua filha brinca nele.

KALU: Já falei pra Rosa não chegar perto de gringo.

ANA: Eu não sou gringa.

KALU: Então devia ir pra casa antes de escurecer.

ANA: Só me conta uma coisa. Quando fizeram isso?

KALU: Esse muro começou a ser construído nos anos 1980 pelos jesuítas. Foi o que me disseram, eu ainda não vivia aqui.

ANA: A gangorra, eu quis dizer.

KALU: A gangorra tem uns meses só.

ANA: E diziam que nos anos 1980...

KALU: Ela foi colocada de madrugada, sem ninguém ver.

ANA: ... a História tinha acabado.

KALU: Gente desocupada que acha bonito chamar atenção, sei lá. Quase perdi o emprego.
Sabe, queria que esse muro fosse tão alto que nem as águias pudessem atravessar.

ANA: Aí sim você perderia o emprego.

KALU: Não. Só ia facilitar meu trabalho.

ANA: Por que os padres construíram o muro?

KALU: Sei lá. Isso importa?

ANA: Importa.

KALU: Olha, chega de fazer perguntas. Volta pra casa.

ANA: Por que a grosseria? Eu só queria entender.

KALU: Vou embora, meu turno acabou.

ANA: Tá bom.

KALU: Você deveria ir também. Tomando sempre o cuidado de olhar para os lados.

ANA: Dá um recado pra Rosa? Fala pra ela me encontrar aqui na sexta-feira depois que ela sair da escola?

KALU: Já disse pra ela não...

ANA: Deixa ela me encontrar, por favor. Eu não sou gringa. Preciso da minha foto e quero dar um presente pra ela.

VI.

ROSA: Ana? Ana?

ASLAN: A Ana foi embora hoje cedo. É o Aslan, irmão dela.

ROSA: Mas ela me pediu pra vir.

ASLAN: Ela teve que sair da cidade.

ROSA: Trouxe a foto dela. Você também tem olhos violeta?

ASLAN: Não, meus olhos são pretos. A Ana deixou um pote pra você. Mas não dá pra jogar por cima do muro nem cabe nessa fresta da gangorra.

ROSA: Conheço um buraco maior. Mas, olha, meu pai não pode saber. Sai da gangorra e vem descendo o morro comigo. Tá me ouvindo?

ASLAN: Quantos anos você tem?

ROSA: Doze. Quase 13.
Essa pedra sai do muro. Dá pra passar por aqui?

ASLAN: Sim, toma.

ROSA: Obrigada. Por que azeitonas?

ASLAN: Aqui não tem oliveiras.

ROSA: Mas tem azeitonas.

ASLAN: Essas também são do mercado. Mas lembram nossa casa mesmo assim.

ROSA: A sua casa não é aqui?

ASLAN: É, acho que sim.

ROSA: Eu vivo mudando de casa. Mas agora meu pai tem um novo emprego.

ASLAN: E sua mãe?

ROSA: Não sei onde ela está.

ASLAN: Também não sei da minha.

ROSA: Eu amava esse lugar lamacento que nem o meu pai. Achava que minha mãe ia aparecer de novo. Mas quando cresci entendi que se você vai embora daqui não volta mais, né? Será que um dia eu consigo sair pra procurar ela?

ASLAN: Sai, sim. Você é muito jovem ainda.

ROSA: Quando você falar com a Ana, me avisa se ela conseguiu encontrar a ilha desconhecida?

ASLAN: Que ilha desconhecida?

ROSA: Não sei, é desconhecida. Mas a Ana vai saber quando encontrar.

ASLAN: Não tô entendendo.

ROSA: Toma a foto.

ASLAN: Nossa, a Ana trouxe até isso pra cá.

ROSA: É você do lado dela?

ASLAN: Sim, sou eu. Eu e ela tomando banho de balde no quintal. Era verão, sol a pino.

ROSA: Trouxe uma foto minha pra ela também. Fica com você. Só promete que pergunta pra ela onde fica a ilha?

ASLAN: Sim.

ROSA: Promete mesmo?

ASLAN: Prometo.

VII.

ASLAN: Por que você nunca me respondeu?

ANA: Precisava me assentar.

ASLAN: Como você me encontrou?

ANA: Agora todo mundo te conhece por aqui. Me deixa passar pro outro lado.

ASLAN: Preciso dos seus documentos.

ANA: Aslan, por favor. Sou eu.

ASLAN: Posso perder o emprego.

ANA: Toma.

ASLAN: Pode passar.

ANA: Agora precisa de identidade até pra cruzar a cidade.

ASLAN: Não mudou muita coisa.

ANA: Não parece.

ASLAN: Você tá feliz?

ANA: Tô fazendo amigos, voltei a dançar. Por enquanto vivo com dinheiro do governo.

ASLAN: Como é lá?

ANA: Diferente de tudo que eu imaginei. Mas isso não deve ser ruim. Ainda não sei.

ASLAN: Você tá feliz?

ANA: Existe resposta pra isso?

ASLAN: Tá tão bonita.

ANA: O que aconteceu com o outro guarda?

ASLAN: Foi deportado.

ANA: Ele não era daqui? Não era pai da Rosa?

ASLAN: O Kalu esperou cinco anos e teve o pedido de refúgio recusado. Depois ele recebeu um documento de tolerância.

ANA: Como assim?

ASLAN: Você não tem o direito de ficar no país, mas não pode ser deportado. Tem muita gente daqui que nem sabe que isso existe. O Kalu passou dois anos renovando a tolerância dele a cada três meses, às vezes todo mês. Na verdade, ele nem podia ser vigia, mas fingiam que não sabiam de nada. Até que um dia não toleraram mais. Foi na mesma época em que começou o controle de identidade no muro.

ANA: De onde ele era?

ASLAN: Cada hora ele dizia que era de um lugar.

ANA: Vai ver Kalu nem era o nome dele de verdade. Afinal, ele era ou não era pai da Rosa?

ASLAN: Ele é. Adotou a Rosa quando ela foi abandonada pela mãe.

ANA: Ele não podia ficar, mas podia adotar uma criança? Não faz o menor sentido.

ASLAN: Muita coisa aqui não faz sentido, Ana.

ANA: A Rosa foi com o Kalu?

ASLAN: Foi.

ANA: Pra onde?

ASLAN: Não sei. Quando eu virei guarda, ela vinha sempre me ver e perguntava se você já tinha encontrado a ilha desconhecida.

ANA: Como ela era?

ASLAN: Uma graça. Olhos puxados, rosto fino.
Deixou uma foto pra você, mas vou guardar pra mim. Você já levou muitas embora.

ANA: O pai dela dizia que a gente veio pegar o emprego dele. E ele mesmo era refugiado.

ASLAN: Nem isso. Ele era tolerado, até não ser mais. O Kalu era doce.

ANA: Doce? O idiota quase me derrubou da gangorra de propósito.

ASLAN: Tiraram a gangorra.

ANA: O Kalu deve ter adorado.

ASLAN: Besteira. Nesse trabalho a gente tem que se fingir de durão. Foi o Kalu que me apresentou o Javier. Eu alternava os turnos com ele, agora sou só eu. Mas com controle de identidade precisam de mais gente, vão contratar.

ANA: Como você consegue?

ASLAN: Como eu consigo o quê?

ANA: Como você consegue fazer esse trabalho, irmão?

ASLAN: Como?

ANA: Essa é a vida que você sonha pra você?

ASLAN: Naquele mês antes da gente ir embora, eu não deixei a porta aberta pensando que a mamãe ia voltar. Deixei aberta porque achava que um dia iam arrombá-la. Era melhor que eles entrassem e me tirassem da cama. Aqueles bêbados, os sem-teto dormindo na nossa sala, todos achando que eu era muito bondoso. Não criei um lugar de hospitalidade por causa da mamãe, nem por generosidade, mas porque tinha medo.

Casa pra mim é onde não tenho medo. E não tenho mais medo aqui.

ANA: Não tem medo nesse trabalho?

ASLAN: É um posto de passagem, só controlo documentos. Não acontece muita coisa. Estou aqui, acordo, tiro o lixo, compro o meu pão do outro lado da rua, que nem antes. Me esqueço de regar as plantas e todo mês compro novas com a Maria, prometo pra ela que desta vez vou cuidar mas não cuido, me lembro da mamãe que nunca conseguiu me ensinar o nome das plantas, a Maria também tenta, hoje eu falei pra ela ir lá em casa e ver como os lírios cresceram, ela sempre diz que vai mas nunca aparece. Aí as plantas morrem e eu compro novas. Venho trabalhar e de noite encontro um homem que me ama e que eu nunca poderia amar de volta se estivesse lá. Eu não queria matar ninguém, é verdade, mas eu não queria morrer e, mais que isso, eu queria amar alguém. Eu não poderia.

O paraíso é isso. Faço meu trabalho, compro meu pão, mato as minhas plantas e amo um homem.

Tô lutando com a língua, mas o Javier me ajuda. Sabe que ele até arranjou um conversor de VHS?

ANA: Viu a "Dança do mágico"?

ASLAN: Consegui validar meu diploma e entrar no mestrado em Química, Ana. Pra isso eu tenho que trabalhar de guarda, aqui não tem dinheiro do governo, mas não vai ser pra sempre, eu te garanto. Um dia vou poder dar aula. Lá eu não poderia. Mesmo que tudo fosse reconstruído, eu não poderia. Meu corpo não aguentava mais viver em silêncio. Então, sim, essa é a vida que eu sonho pra mim. Me perguntam de onde eu venho, eu respondo, eles se espantam e eu digo: tá tudo bem. Venho de lá, mas agora estou aqui, agora estou em casa.

Não entendi por que você deixou a "Dança do mágico" aqui.

ANA: Você já viu?

ASLAN: Ainda não tive coragem.
Vem conhecer a minha casa, o Javier, as plantas. A gente vê juntos.

INTERLÚDIO

Saio do trabalho, tenho dois filhos em casa esperando, e quando pego o metrô vejo esses estrangeiros com sacolas de compras cheias, pensando que somos idiotas, Eles reparam nas nossas sacolas?, Vai embora, vai logo, volta pro seu país, seu país precisa de você, Eu achava que seria muito diferente, mas é igual para todo mundo: todos vão para o trabalho, descansam no fim de semana, e tem morador de rua aqui também, Nós somos o povo, Os letreiros luminosos desse bairro me fazem lembrar do lugar onde cresci, mas de manhã as frutas me decepcionam, sinto falta de melancias, quando minha mãe puder vir vou pedir uma caixa de melancias, Não vou me sentar do seu lado, a língua que você fala é estranha, a roupa que você veste é estranha, sua pele é estranha, seu cabelo também, A língua que você fala é estranha, a roupa que você veste é estranha, sua pele é estranha, seu cabelo também, O que você quer?, Que vida sonha pra você?, Não deve ser uma vida muito diferente da sua, Gente barulhenta, Queria me camuflar, vou olhar pela janela pra ninguém me encarar, Você não é daqui, Você também não, Ninguém é de lugar nenhum.

ÁRVORE HABITADA

Um plátano de raízes profundas, típico de clima temperado, sobrevive numa paisagem desértica e mantém as folhas verdes mesmo sem chuva. Ele resiste ali como se não dependesse do clima. Um plátano milenar de folhas verdes no deserto talvez seja mais verossímil do que uma casa sem teto ou uma gangorra atravessando um muro. A árvore faz sombra o ano inteiro, delimitando um espaço de ensaio ao ar livre mas abrigado do sol. Os galhos, mesmo grossos, balançam quando venta. Mas venta pouco.

VIII.

ROSA: A fúria da guerra tinha varrido metade da Europa mas eu ainda era jovem e bonita e imaginava como poderia dar um salto para a América. Dois homens, sentados no restaurante da estação de Helsinque, conversavam sobre política, olhando para os lados com cuidado. Um era alto e gordo, mãos brancas, o outro tinha estatura atarracada e as mãos de metalúrgico. O grandalhão ergueu o copo de cerveja e olhou através do vidro.
Grandalhão? Você usou o tradutor do Google?

DENIZ: Continua, Rosa. É *grandalhão*, mesmo.

ROSA: Tá ruim isso. A gente pode adaptar, usar o nome de uma estação local. E essa tradução não tá boa. *Estatura atarracada.* É estranho.

DENIZ: É uma tradução provisória. Continua, vai.

ROSA: As palavras mudam meu jeito de ler.

Vou fazer o grandalhão, então.

Esta cerveja não é uma cerveja, o que nos leva a deduzir que os cigarros não são cigarros, mas o passaporte precisa ser um passaporte para permitir a entrada no país. Esse cara escreveu isso mesmo?

DENIZ: São charutos, não cigarros, depois eu corrijo.

O passaporte é a parte mais nobre do ser humano. Ele não existe em condições tão simples como uma pessoa. Um ser humano pode aparecer em qualquer lugar, irrefletidamente e sem motivo, mas nunca um passaporte. Por isso ele é reconhecido quando é bom, enquanto uma pessoa pode ser boa e mesmo assim não ser reconhecida.

ROSA: Pode-se dizer que o ser humano é apenas o titular mecânico de um passaporte. O passaporte lhe é colocado no bolso do peito, assim como ações são postas no cofre, que por si só não tem valor, mas guarda objetos valiosos.

Desculpa, Deniz, não estou muito concentrada.

DENIZ: Quer parar de ensaiar?

ROSA: Esse texto tá me dando um desconforto.

DENIZ: Vou melhorar a tradução.

ROSA: Não é isso. Desde que li sobre o sujeito atarracado conversando sobre passaportes me lembrei do meu pai, que sempre falava disso com o Aslan, aquele homem alto, de cabelo ondulado. Por baixo era mais encaracolado, dava pra ver quando crescia. Eu gostava do cabelo dele mais comprido e tentava adivinhar o dia em que ele ia cortar. Sempre fazendo apostas comigo mesma. Aí eu gravava a imagem do rosto dele de cabelos longos, aqueles cachinhos na nuca. Queria crescer logo pra me casar com ele.

DENIZ: Esse Aslan era amigo do seu pai?

ROSA: Trabalhavam juntos como guardas do muro. Uma fronteira no meio da cidade. Dois estrangeiros dividindo a cidade. É, dá pra dizer que eles eram amigos.

DENIZ: Um atarracado, o outro grandalhão.

ROSA: Acho que o Aslan nem era tão grande, mas naquela época parecia enorme. Eu me lembrei foi do meu pai, que sempre dizia: "Olha para os lados, Rosa." Principalmente se eu começava a falar de política. Eu tinha opinião sobre tudo quando era pequena. Meu pai só falava de política com o Aslan, porque os dois eram vigias, ele dizia. Não era isso, não. O pai fingia que não se importava, mas vivia apreensivo.

Mas deixa disso agora, vamos continuar.

Sempre achei estranho que devêssemos amar especialmente o lugar onde pagamos impostos.

A razão do amor à pátria é a modéstia – modéstia? –, uma característica muito boa, é... quando nada mais resta.

DENIZ: Tudo bem?

ROSA: Arrã.

DENIZ: O amor à pátria é prejudicado pela ausência de alternativas. Como se alguém devesse amar com quem se casa, e não se casar com quem se ama. Eu quero fazer uma escolha. Imagina se me mostram um pedaço da França, outro da Inglaterra e uma ou duas montanhas da Suíça, mais um trecho do litoral norueguês, então eu aponto e digo: esta é minha pátria. Mas agora é como se o mais precioso pra gente fosse a janela de onde em algum momento caímos.

ROSA: Este é um ponto de vista cínico e desenraizado, o que me agrada.

DENIZ: Sempre ouço que devemos criar raízes. Estou convencido de que as únicas criaturas que têm raízes, as árvores, prefeririam não ter nenhuma, porque assim também poderiam voar num avião.

ROSA: Preciso de uma pausa.

DENIZ: De novo o seu pai?

ROSA: Não sei se quero interpretar esse texto. Adoraria ser alguém diferente de mim.

DENIZ: Não estamos na Europa nem em 1961.

ROSA: O nome é *Conversa de refugiados*, Deniz.

DENIZ: Você não é uma refugiada.

ROSA: De certo modo eu sou.

DENIZ: Tecnicamente não é.

ROSA: É assim que me veem.

DENIZ: O texto te fez lembrar do teu pai.

ROSA: A gente podia encenar um texto nosso. Ou falar de amor.

DENIZ: A gente não pode se esquecer da guerra. Você não viveu aqui, mas a gente não pode esquecer.

ROSA: Você não está falando da sua guerra...

DENIZ: É um texto do Brecht, Rosa! Um clássico. Levei meses pra traduzir.

ROSA: E daí? Quem conhece esse sujeito aqui? Talvez fosse melhor reconstruir prédios, fazer sopão para os desabrigados. Ou falar de amor.

DENIZ: Quando você entrou no grupo sabia que era pra fazer teatro político.

ROSA: Mesmo as guerras devem ser diferentes umas das outras.

DENIZ: O que você quer?

ROSA: Sabe, quando meu pai foi deportado, fui parar num país estranho. Desde então acho que me acostumei a ser estranha também.

DENIZ: Não entendo.

ROSA: Alguém dizia que casa é o lugar de onde partimos. Acho que é isso. Pra onde quer que eu vá será exílio. Passei minha infância num lugar repleto de violência, mas lá tinha vida, sabe? De repente fui jogada num país em outro continente onde estavam sempre falando de morte. Na terra do meu pai era como se a morte acordasse e dormisse do nosso lado. Cada vez que eu falava para os meus amigos "vamos sair amanhã?", eles diziam "se Deus permitir, porque não sabemos o que vai acontecer amanhã". E isso eles falam como um "olá". Minha mãe já tinha me abandonado, sem explicação, podia acontecer alguma coisa pior que isso? Cresci com a certeza de que não se pode planejar nada. É claro que não sabemos o que vai acontecer amanhã!

DENIZ: Por isso você veio pra um lugar onde não existe mais nada?

ROSA: A guerra acabou.

DENIZ: Acabou com tudo.

ROSA: Por isso mesmo. Aqui está tudo por fazer. Essa cidade não espera nada de mim, porque ela toda está exilada. Então, por enquanto, eu posso ser qualquer coisa. Um personagem de Shakespeare ou de uma série de TV.

DENIZ: Shakespeare também é político.

ROSA: Talvez faça mais sentido pra mim.

DENIZ: Tem ideia de por onde começar?

ROSA: Preciso de um pouco de silêncio.

IX.

ROSA: Nunca vi esse tipo de árvore em outro lugar da cidade. Como ela sobrevive aqui?

DENIZ: Existe uma lenda de que durante a guerra uma mulher morreu aqui, afogada pelo rompimento de uma represa, enquanto cozinhava e contava histórias para si mesma. Logo depois nasceu esta árvore no deserto, e cada folha é uma história da vida dela.

ROSA: Impossível, essa árvore é muito antiga.

DENIZ: Durante outra guerra. Foram muitas.

ROSA: Se é uma lenda... A gente podia escrever nosso próprio texto.

DENIZ: Não temos tempo.

ROSA: Temos muito tempo, Deniz. Podemos contar a história da mulher que morreu e virou árvore. Já percebeu que a gente sempre volta pra cá?

DENIZ: A gente pode inventar uma outra história. A de uma mulher que viveu na árvore, por exemplo.

ROSA: Como?

DENIZ: Sei lá, uma mulher que subiu na árvore porque tiraram a casa dela.

ROSA: Por que tiraram a casa dela?

DENIZ: Talvez tenham destruído a casa. Ela morava num acampamento de refugiados numa praça.

ROSA: Lá vem você com esse tema, já falei que não vou interpretar uma refugiada.

DENIZ: Tá bem, foi só um exemplo. Pode ser uma moradora de rua que montou uma tenda numa praça. Tiraram ela de lá, destruíram a tenda e queriam levar ela pra um abrigo.

ROSA: Aí ela sobe na árvore pra protestar?

DENIZ: Ela mora na árvore por cinco dias e quatro noites, exigindo aquela tenda de volta. Uma tenda na praça, não no abrigo. Mas a gente pode criar o mito de que ela passou um ano na árvore. E cada folha da árvore é um dia da vida dela.

ROSA: Tá muito rocambolesco isso.

DENIZ: É uma fábula, Rosa. Não era você que queria ser outra coisa? Tô te oferecendo uma heroína trágica.

ROSA: De onde ela é?

DENIZ: Ela pode ser de qualquer lugar. Gente sem casa tem no mundo inteiro.

ROSA: Mas a gente tem que criar um contexto pra ela. Ela consegue a casa de volta?
Que cara é essa?

DENIZ: Eu ainda me surpreendo como você veio parar aqui. Como aprendeu essa língua, como consegue.

ROSA: Cada década num continente.

DENIZ: Pra onde você vai na próxima?

ROSA: Não consigo planejar, lembra?

DENIZ: Você me assusta às vezes. Parece que pode sumir a qualquer momento.

ROSA: Me fala mais dessa fábula. Pro teatro seria melhor ficar só nos cinco dias.

DENIZ: Tem razão. A gente conta cada dia dela em cima da árvore.

ROSA: E fica mais verossímil.

DENIZ: É uma fábula.

ROSA: Mas é legal imaginar que é possível passar cinco dias em cima de uma árvore. Um ano não é, mas cinco dias acho que sim. Essa mulher pode se chamar Napuli. O nome da mãe do meu pai. Morreu logo depois que ele foi deportado. Reviu o filho, conheceu a neta estrangeira e morreu. Sempre quis criar uma personagem chamada Napuli.

X.

ROSA: Estou sem ar.

DENIZ: Vem pra sombra, o sol tá queimando.

ROSA: Peraí, olha pra cá. Seus olhos estão lilás!

DENIZ: É a luz do deserto, faz isso nesta época do ano.

ROSA: Ela dizia que tinha olhos violeta. E que ia atrás do sol. Eu não acreditei.

DENIZ: Quem?

ROSA: Já faz tanto tempo isso, mais de dez anos. Parece outra vida.

DENIZ: Quem?

ROSA: Tinha cara de brava. Mentira, nunca vi o rosto dela, mas a minha Ana tinha cara de brava.
Você também tem a impressão de que conhece pra sempre pessoas que mal viu na vida? Nunca me esqueci da minha Ana. Irmã do Aslan, o amigo do meu pai de cachos na nuca.

DENIZ: Seus olhos também estão lilás.

ROSA: Me mostra!

DENIZ: Você não tá vendo os meus?

ROSA: Sim.

DENIZ: Então acredita.

ROSA: Nunca achei que pudesse existir alguém com olhos violeta.

DENIZ: Não é sempre que acontece.

ROSA: A Ana queria ir atrás do sol. Será que ela sentia falta dessa luz?
Seus olhos voltaram ao normal.

DENIZ: Os seus ainda não.

ROSA: Mentira.

DENIZ: Por que é tão difícil de acreditar? Não era você que queria tanto ser outra pessoa?

ROSA: Quero.

DENIZ: Vamos ensaiar o que temos. Continua.

ROSA: Eu tinha diarreia, meu coração batia muito forte. A médica me falou: "Você sabe que vai morrer?". Eu disse: "E daí? Se me derem meu direito, eu desço". Vieram com guindastes e ninjas. Não sabia que ninjas existiam. Todos de preto, uns seis. Que diabos?

DENIZ: Ela dá uma gargalhada.

ROSA: Luz sobre Napuli.

DENIZ: Ela escala os galhos da árvore.

ROSA: Vamos ver quem é mais rápido.

DENIZ: Pare agora! O que você quer pra descer daí?

ROSA: Tragam nossa tenda de volta, a tenda política. Lugar pra dormir, tudo bem, vocês podem retirar, mas ninguém pode tocar no lugar político. Eu preciso desse lugar.

DENIZ: Só podemos negociar se você descer da árvore.

ROSA: Só saio daqui com um acordo.

DENIZ: Desce. Tem o teatro pra recuperar. E tem nós dois.

ROSA: Isso não tá no texto.

DENIZ: Podia estar.

ROSA: Será que em algum outro lugar do mundo nossos olhos ficam violeta com a luz do outono?

DENIZ: Talvez se a gente fizer um filho agora de olhos bem abertos ele nasça assim.

ROSA: Esse vento... Nunca chove aqui. Sinto falta.
Como essa árvore ainda está verde?

DENIZ: Ela é uma lenda.

ROSA: Como a Napuli?

DENIZ: É, como a Napuli.

ROSA: Como os olhos violeta?

DENIZ: Você viu os meus olhos.

ROSA: Mas eles desapareceram.

DENIZ: Então vamos voltar pro sol e fazer um filho de olhos bem abertos e depois a gente se deita debaixo da árvore.

ROSA: E depois?

DENIZ: Quando começar a chover eu te levo pra minha casa e te faço um chá. Sem açúcar.

ROSA: E depois?

DENIZ: Você me faz cafuné?

ROSA: Cafuné?

DENIZ: É, carinho na cabeça.

ROSA: Você não gosta que mexam na sua cabeça.

DENIZ: Talvez se você fizer uma massagem nela nosso filho nasça com mais cabelos que eu. Ou com cachos na nuca.

ROSA: Tenho cabelo suficiente pros dois.

DENIZ: Faz cafuné?

ROSA: Faço. Mas e se nosso filho não nascer cabeludo nem com olhos violeta?

DENIZ: Aí ele vai ser careca de olhos negros.

ROSA: E se for menina?

DENIZ: Vai ser uma menina careca de olhos negros.

ROSA: O sol está se pondo, vamos fazer um filho ou uma filha de olhos negros mesmo?

DENIZ: E quando ele ou ela olhar pro sol, os olhos vão ficar violeta. Muito melhor ter olhos que mudam de cor. Dá pra se camuflar.

ROSA: Aí, independentemente de onde estivermos, os olhos se adaptam e fazem parecer que pertencemos àquele lugar. Eu sempre quis me camuflar, porque dá pra voltar a ser como antes.

DENIZ: Então vem cá.

Um beijo tão demorado que faz um zumbido como um instrumento desafinado.

ROSA: E agora?

DENIZ: Quando o sol nascer de novo, a gente pinta o nome do nosso filho ou filha na proa do barco, de um lado e do outro, em letras brancas.

ROSA: Como vai se chamar?

DENIZ: Prefiro ver o rosto primeiro, depois escolher.

ROSA: E depois?

DENIZ: Quando a maré estiver boa a gente se lança no mar.

ROSA: Aqui não tem mar.

DENIZ: A gente acha um.

ROSA: Tipo numa ilha desconhecida?

DENIZ: Como desconhecida? Tá tudo no mapa.

ROSA: Claro que não! Se é desconhecida não tá no mapa. Você já tá bem grandinho pra saber disso.

DENIZ: Ah, é, mas se a gente chegar até a ilha então ela não vai mais ser desconhecida.

ROSA: Aí a gente procura outra.

DENIZ: E depois?

ROSA: Depois outra.

DENIZ: E depois?

ROSA: Outra mais.

DENIZ: E se a gente se cansar de procurar?

ROSA: A gente volta pra debaixo da árvore.

DENIZ: Dessa árvore?

ROSA: Ela é uma lenda, vai estar sempre aqui.

DENIZ: Se a gente voltar pra sombra, nossos outros filhos vão nascer com olhos negros.

ROSA: Só a primogênita terá olhos violeta. Vai se chamar Ana.

DENIZ: A gente pode voltar, então, depois de conhecer algumas ilhas desconhecidas? Gosto daqui.

ROSA: Minha mãe me deixou, eu deixei meu pai. Você eu não largo, não. Com você eu volto. Casa pra mim são as pessoas. Pra onde quer que eu vá será exílio sem elas.

DENIZ: Venta tanto. E se todas as folhas caírem e não sobrar mais nenhuma história?

ROSA: Pode até acabar a sombra, Deniz, mas nunca vai faltar história. Se precisar a gente inventa. A gente volta pra debaixo da árvore e ensaia. Ensaia, ensaia. Eu interpreto a Napuli. Ou escrevo sobre esses olhos que mudam de cor com o sol. Será que alguém que não vive aqui sabe disso? Aproveita que essa cidade ainda não espera nada da gente e continua ensaiando. Temos muito tempo.

Notas da autora

1. Além da referência a *O conto da ilha desconhecida*, de José Saramago, explicitada pela epígrafe, a dramaturgia cita versos do poema "Amor", de Adonis, como se fossem os da canção ouvida por Ana e Aslan enquanto dançam. Traduzido do árabe por Michel Sleiman, está em *Poemas* (Companhia das Letras, 2012).

2. Os trechos de *Conversa de refugiados*, de Bertolt Brecht, foram traduzidos pela autora a partir da edição alemã da Suhrkamp, de 2016. Optou-se por uma tradução mais rudimentar que a de Tercio Redondo já publicada (Editora 34, 2017), como se tivesse sido feita pelo personagem Deniz.

Apêndice: "Casa são as pessoas"

Sentada sobre o galho de um plátano, a mulher se enrola num edredom com estampa de flores. Faz seis graus de madrugada. Uma cerca interdita a área ao redor, com mais de cinquenta policiais, repórteres, fotógrafos, um guindaste, uma ambulância, uma médica. Um colchão é colocado junto às raízes da árvore, à espera de uma queda. Sempre que está prestes a dormir, Napuli Paul Langa pede alguns minutos de sono à árvore: "É sua vez de me segurar, não tenho forças, estou cansada." Quando começa a sonhar, algo a desperta.

Dias antes, a Oranienplatz, praça no bairro de Kreuzberg, em Berlim, era a casa de cerca de duzentos solicitantes de refúgio, Napuli entre os homens, quase todos negros, quase todos africanos, mas de Áfricas tão distintas quanto eles. Alguns deles haviam saído de alojamentos em diferentes distritos da Alemanha, o que era proibido por lei, e acampado numa área central da capital em 6 de outubro de 2012, depois de 28 dias de um tour de ônibus pelo país e uma marcha de seiscentos quilômetros a pé. Com apoio de ativistas alemães, o acampamento resistiu a um incêndio criminoso, a temperaturas negativas, neve e chuva, resistiu a protestos de partidos políticos e tentativas de evacuação.

Resistiu até 8 de abril de 2014, quando são retiradas as tendas de plástico, surradas por dois invernos, as camas, as caixas de madeira usadas como bancos e mesas, a cozinha, os cartazes de protesto. Os homens desaparecem. Napuli sobe na árvore, seguida por cinco pessoas. Mas só ela permanece, envolta no edredom. Após dois dias, é proibida de receber comida.

Quatro noites em cima do plátano, para garantir que não desaparecesse tudo.

Antes da marcha até Berlim, foram meses de protestos, greves de fome, negociações e alguns reconhecimentos de refúgio, inspirando vigílias em tendas em outras cidades do país. O estopim do movimento político foi o suicídio do iraniano Mohammed Rahsepar em seu alojamento em Würzburg. Em janeiro de 2012, Mohammed foi ao hospital mas, sem tradutores, não conseguiu explicar que sentia dores de cabeça. Ele se trancou sozinho no quarto que dividia com outros cinco homens e se enforcou com um lençol, oito meses depois de chegar à Alemanha, deixando mulher e filho em Ahvaz, cidade persa perto do Kuwait. Sua transferência havia sido recomendada mais de uma vez por médicos, que atestaram problemas físicos e psicológicos, acentuados pelas condições do local – um edifício com quartos, mas que os solicitantes de refúgio chamam de *Lager*, "campo". A irmã de Mohammed morava na Alemanha, mas apenas em casos graves aqueles que aguardam a decisão do pedido de refúgio podem se unir a parentes que não sejam cônjuges, pais e filhos. O caso de Mohammed não foi considerado grave o suficiente. Quando se suicidou, viviam no prédio cerca de 450 pessoas, a maior parte do Irã, do Afeganistão e da Etiópia, algumas havia anos à espera de uma decisão.

Napuli Paul Langa uniu-se à marcha rumo a Berlim um mês depois de chegar a outro alojamento, em Braunschweig, onde recebia um euro por hora para limpar a cozinha: "É uma prisão. Há grades e seguranças na porta. Só se pode comer o que querem que a gente coma, na hora em que querem que a gente coma. Lá a gente só come e dorme, e a todo momento entram no quarto para fazer revistas."

Quando a conheci, um ano antes da evacuação do acampamento, Napuli já era a líder da Oranienplatz, um rosto do bairro. Em Kreuzberg, a concentração de imigrantes e seus descendentes, grande parte turcos, já era de mais de 40%, mas aqueles corpos negros, muito negros, não estavam nas estatísticas. No início de 2013, a mulher de 33 anos usava longos apliques de tranças e fez questão de pagar o café que tomou enquanto contava em inglês como foi parar na Alemanha, após ser perseguida por seu ativismo político no Sudão – ela não gosta de dizer se do norte ou do sul, porque "a guerra dividiu o país artificialmente". A guerra a expulsou. Primeiro para Uganda, depois para a Alemanha. "Você só se dá conta de que está acorrentada quando se move." Ela olha fixo nos meus olhos quando diz frases assim.

Era março, mas a neve ainda caía em Berlim, e Napuli era uma das poucas mulheres a dormir nas tendas precariamente aquecidas. Tomava banho e vestia-se com a ajuda de alemães, fortalecendo uma rede pelos direitos dos refugiados que existia desde 1990 mas ganhou publicidade com a ocupação da praça num bairro central, atraindo programas nacionais de TV e milhares de pessoas em protestos. Napuli sempre junto, quase sempre à frente, na praça, em audiência no Parlamento alemão, em discurso nas Nações Unidas.

Em março de 2017, quando Napuli me conta sobre seus dias sobre o plátano, a Oranienplatz não tem tenda, contêiner ou qualquer sinal do movimento político.

Aos 38 anos, com o cabelo natural, sem as tranças, ela põe à mesa um jogo americano de plástico com os anjos renascentistas de Rafael e prepara uma massa vegetariana enquanto o marido, Max, cuida do filho, Paul, de um ano. O casamento fora celebrado dois anos antes sobre a neve que cobria a Oranienplatz, casaco de inverno sobre vestido branco, com conferência de imprensa. "Quando pedi refúgio, disse que não tinha família, era analfabeta e casada. Eu não queria ser refugiada, só queria estar aqui e encontrar meu caminho. Então inventei tudo, porque sabia que eles não iam fazer nada, estavam deportando pessoas. Quando quis casar, rejeitaram meus papéis porque achavam que eram falsos. Eu disse: 'Esquece a Napuli da árvore. É uma outra Napuli que quer se casar'. Foram investigar no Sudão se eu não era casada. O processo todo durou um ano", conta ela, lembrando-se das críticas por se unir a um alemão. "Algumas pessoas disseram que não era casamento real, que era político. Na Oranienplatz os ativistas ficaram chocados, diziam: 'Como? Ele não é um de nós'."

A mulher que passara um ano e meio dormindo sob tendas e quatro noites sobre uma árvore – "um lobo solitário", diz

Max – se importava apenas com a opinião de seu pai. Max a pediu em casamento via ligação telefônica Sudão-Alemanha. "Vivemos numa comunidade. Minha decisão não é somente minha, é da família. É respeito ao meu pai e do meu pai à comunidade", explica Napuli, ressaltando que o desejo era seu, não do pai. "Ele sempre disse que depois que eu terminasse os estudos poderia fazer o que quisesse, para não ser dependente de ninguém. Me deu sinal verde para casar e disse para eu não desapontá-lo."

Napuli Paul Goerlich tem um novo sobrenome e um filho alemão. Com seu novo status migratório, pôde voltar ao Sudão para ver o pai. Ela não poderia se ainda fosse oficialmente uma refugiada – apesar de ser a mesma pessoa. Não precisa mais se preocupar com seu próprio documento, mas continua seu ativismo político pelo direito à mobilidade transnacional. Em 2014, criou o grupo Black and Whites Together for Human Rights – "uma continuação das minhas atividades no Sudão" –, sai em tours pela Europa, faz palestras pela Alemanha. É um rosto da história do movimento de solicitantes de refúgio, antes de o país ganhar os holofotes internacionais com a chegada de milhares de sírios, em 2015.

Fazia 21 meses que Napuli esperava uma decisão sobre seu status de refugiada quando subiu na árvore. "A todo tempo éramos intimidados pelo governo. A pouca coisa que temos na nossa mão eles tiram da gente? Pensei: Por que não?" Ela só desceu do plátano quando um acordo com as autoridades de Berlim previu a volta da tenda na praça, onde eram decididos os rumos do movimento de solicitantes de refúgio. Depois de quatro noites, Napuli foi levada para o hospital, depois para a delegacia. Um contêiner foi instalado na praça como posto de informações sobre o movimento, mas em junho de 2014 ele foi incendiado por manifestantes de extrema-direita.

Conto a Napuli ter ouvido, num debate político, que ela permanecera duas semanas sobre o plátano. Napuli acha graça. Mais do que uma lenda, queria que a promessa de memória do movimento na praça tivesse sido cumprida. "Para mim, casa são as pessoas. Não é este prédio ou uma terra. A Oranienplatz é parte das minhas memórias e da minha luta. Ainda estou lutando para deixar algo lá."

Hoje há apenas árvores e bancos na Oranienplatz. Mas como na dramaturgia Napuli virou lenda, uma tenda permaneceu na praça imaginada por Rosa e Deniz.

Suzana Velasco

Recolher desejos pelas frestas

Num dia de julho de 2019, os arquitetos Ronald Rael e Virginia San Fratello instalaram três gangorras nas frestas da cerca de aço que interrompe uma imensidão desértica. Guardas apareceram de um lado, em Sunland Park, Estados Unidos. Guardas logo surgiram do outro, em Ciudad Juárez, México. Depois de algumas perguntas, não interferiram na brincadeira, com crianças e adultos de ambos os lados, separados por um muro e unidos pelas gangorras rosa-choque, contrastando com a aridez do deserto. Ao saber da história, fiquei com a imagem na cabeça. As gangorras eram finas o suficiente para serem passadas pelos vãos e grossas o suficiente para serem usadas como um brinquedo.

Lembrei-me então de outra intervenção, em outra parte daquele muro que, hoje, tem pouco mais de 3 mil quilômetros e continua aumentando de tamanho. Em 2000, a artista Valeska Soares instalou placas de aço inoxidável entre San Diego e Tijuana. Polidas, as placas refletiam a paisagem de ambos os lados e, vistas de longe, pareciam mais passagens do que barreiras. Se alguém se aproximava, podia ver a si mesmo num espelho, além de ler um trecho do livro *Cidades invisíveis*, de Italo Calvino, gravado no aço. A obra de Valeska se chamava *Picturing paradise* [Imaginando o paraíso]. Só que o paraíso era uma miragem. O outro lado podia apenas ser visto pelas frestas da cerca, que, neste ponto da fronteira, era vazada.

Além das gangorras e dos espelhos, outras imagens poéticas de filmes, peças, notícias, imagens inventadas ou uma combinação delas passaram a povoar minha mente. Imagens da aporia da fronteira, seu paradoxo insolúvel: ela estabelece uma divisão, um corte, mas a partir dessa diferença pode também gerar relações.

Imagens que, hoje vejo, falam também de algo que desloca a impassividade da fronteira, algo que a perturba ou escancara que ela não é, afinal, imutável.

Um pedaço de muro avança sobre o mar, mas o vento muda a nacionalidade das ondas.

Um boi mergulha no mar.

Um rio de bordas largas e correnteza forte.

Um rio de bordas largas e águas congeladas.

A ossatura de uma cidade destruída pela guerra, Damasco.

Uma árvore de raízes grossas.

Uma árvore de raízes grossas que balança quando venta.

Uma oliveira que palestinos cultivam, com azeitonas inacessíveis por causa do muro de Israel.

Bandeiras e hinos obscenos.

Um documento de identidade com um risco vermelho em diagonal — como nas placas de "Proibido estacionar" — onde se lê *Geduldet*, "tolerado" em alemão.

Noiva e noivo vestidos para o casamento atravessando uma fronteira a pé.

O mapa do Sudão dividido em norte e sul.

O mapa do Rio de Janeiro dividido em norte e sul.

Espelhos, fotografias, objetos pessoais que migrantes deixam pelo caminho e outras pessoas encontram.

Coisas fincadas no chão.

Coisas que se movem.

Pra onde quer que eu vá será exílio foi guiada pela poesia e pela brutalidade de imagens-síntese, e não pelas tantas biografias de migrantes que eu já conhecia por conta de meu trabalho como jornalista e meu doutorado sobre migrações. Decidi não fazer qualquer nova pesquisa, já "sabia" demais sobre o tema. Não queria me debruçar sobre um país, uma guerra, uma cultura ou um fluxo migratório específicos, não queria fazer uma reportagem nem uma tese em forma de dramaturgia. Desejava escrever sobre medos, vontades e contradições de pessoas que se deslocam, sobre os exílios que os sujeitos carregam ao migrarem. Sobre como *casa* significa uma coisa diferente para cada um.

Sim, um sírio recém-chegado a Berlim certa vez me contou que os fogos de artifício o assustaram no Ano-Novo, porque eram iguais aos barulhos das bombas de guerra — daí veio a ideia de fogos/ bombas na festa. Sim, de fato há um muro separando moradores ricos e pobres de uma mesma cidade em certo lugar do mundo, mais precisamente na zona de Pamplona Alta, em Lima, no Peru. Sim, o status migratório de "tolerado" existe mesmo, apesar de parecer ficção, só que na Alemanha. Mas Aslan não é sírio, Rosa não é peruana,

Kalu não está na Alemanha. Aslan, Rosa, Kalu, Ana, Laila e Deniz são invenções contaminadas pela minha pesquisa e pela minha experiência, mas não uma reprodução delas.

Fabular, para mim, tornou-se fundamental para criar uma ficção sobre um tema tão contemporâneo, que estou acostumada a tratar de outros modos. Sentei para escrever sem ter ideia alguma da trama. Estava tomada, porém, por um contraste que a fronteira me evoca, uma relação incontornável de divisão e relação. Deslocada de contexto, a gangorra atravessando o muro permaneceu com sua força, sua possibilidade de conexão, de ver pelas frestas e, talvez mais importante, de imaginar aquilo que se conhece de forma desejante, e não pelo medo. A gangorra não nos deixa esquecer que o muro permanece lá, imponente, mas também nos lembra que ele tem buracos. A partir desta e de outras imagens foram surgindo novas, como a casa sem teto, a árvore no deserto. Foram elas, talvez possa dizer, que geraram os personagens.

Só agora, escrevendo este posfácio, descubro que Ronald Rael tivera a ideia da gangorra em 2009, muito antes de Donald Trump vociferar sobre a urgência do muro, mas já quase duas décadas depois de aquele muro começar de fato a ser construído. A invenção está no livro *Borderwall as Architecture*, em que o arquiteto imagina modos de conexão entre os dois lados da fronteira, seja brincando de gangorra, jogando vôlei ou trocando livros. São projetos que parecem dizer muito sobre o que eu mesma buscava ao escrever sobre deslocamentos: encontrar o desejo de vida pelas frestas. Não me esquecer da opressão, da violência sobre aqueles impelidos a migrar, mas sobretudo fabular sobre como os sujeitos continuam encontrando vãos por onde desejar. E decidem seguir. Ou ficar.

Se as imagens me guiaram, são os sujeitos que importam nesta dramaturgia: Laila, Ana, Aslan, Rosa, Kalu, Deniz. Na primeira versão de *Pra onde quer que eu vá será exílio*, havia ainda algumas poucas referências a países e nacionalidades, excluídas na versão final. Passei muito tempo em torno dos nomes próprios. Pensei em nomes que se repetem e têm sobrenomes de nacionalidades distintas. Ou seriam só grafias distintas? Pensei em sobrenomes totalmente diferentes de uma mesma nacionalidade. Por fim, os nomes dos personagens podem dar pistas, mas podem enganar também. Porque, como lembra Ana falando de si, os nomes podem não ser comuns no lugar de onde se vem. Assim como um olho pode mudar de cor dependendo da luz.

Como pesquiso sobre migrações, não havia como apagar tudo aquilo que já refletia sobre o tema; tampouco isso é possível neste posfácio. De certo modo, as descrições no início de cada ato do texto são a voz de uma autora pensando com os personagens. Gosto de imaginar que eu e a dramaturgia aprendemos uma com a outra. E isso só foi possível depois de dez meses transformadores do Núcleo de Dramaturgia Firjan SESI, em 2019.

Foi o ano em que as quartas-feiras eram o dia mais desejado da semana, quando discutíamos nossos textos com a mesma seriedade que a dramaturgia e a filosofia mais consagradas, em que revirávamos as palavras dos outros com atenção, em que crítica e acolhimento se tornaram uma coisa só. Regidos pela paixão do Diogo Liberano, fomos juntos eu, Teo, João, Sonia, Paulo, Agatha, Gabriela, Sergio, Mayara, Lúcio, Tiago, Leonardo, Zé Alex. E Filipe e Marcos, que também publicam agora suas dramaturgias finais e, em encontros virtuais em 2020, ao lado do Diogo, me trouxeram valiosas reflexões sobre meu próprio texto.

Foi a partir de um desses encontros com os três que decidi incorporar a história de Napuli como um apêndice. Eu me inscrevi no Núcleo de Dramaturgia Firjan Sesi com um texto de não ficção, um perfil dessa mulher que conheci como jornalista em 2013, em Berlim, que passou noites em cima de uma árvore como solicitante de refúgio, que hoje tem a cidadania alemã e que reencontrei algumas vezes durante os anos. Enquanto escrevia o fim da dramaturgia, tendo a árvore no deserto como minha imagem-síntese, Napuli naturalmente apareceu na trama. Ela se tornou a ficção de Rosa e Deniz, que buscam imaginar uma nova história sobre si mesmos, não repetir o que supostamente lhes foi destinado. O texto do apêndice é uma versão daquele com que me inscrevi no Núcleo, um texto jornalístico, de tom distinto de *Pra onde quer que eu vá será exílio*. Porque a Napuli "real", com sua história que parece inventada, merecia ser conhecida.

Antes de começar a escrever sua dramaturgia final, cada integrante do Núcleo teve uma conversa individual com Diogo Liberano, que nos provocava, indagava, trazia referências — mas nunca quis que escrevêssemos o texto que ele escreveria. Levei uma lista com algumas das imagens citadas, como a gangorra, o espelho sobre o muro, o rio de bordas largas em correnteza ou congelado. Diogo me deu mais uma bela imagem, da artista Emily Jacir. Ela recolheu desejos de palestinos no exílio, em geral sem permissão para voltar à sua terra natal. "Vá a Haifa e jogue futebol com o primeiro menino palestino que você vir na rua"; "Leve flores e reze no túmulo de minha mãe, no dia do aniversário dela"; "Vá ao correio em Jerusalém e pague minha conta de telefone". Emily realizou cada um dos desejos e criou a instalação fotográfica *De onde viemos*.

Tentei recolher os desejos de Laila, Ana, Aslan, Rosa, Kalu e Deniz. Fiz a eles perguntas que habitualmente não faria se fossem meus entrevistados. Quem sabe agora eu leve novos tipos de indagação aos migrantes que conhecer, depois do encontro com esses sujeitos ficcionais que carregam seus exílios em busca de suas casas.

Suzana Velasco

© Editora de Livros Cobogó, 2021

Editora-chefe
Isabel Diegues

Editora
Mariana Delfini

Gerente de produção
Melina Bial

Revisão final
Débora Donadel

Projeto gráfico de miolo e diagramação
Mari Taboada

Capa
Guilherme Ginane

A Firjan SESI não se responsabiliza pelo conteúdo publicado na dramaturgia e no posfácio deste livro, sendo os mesmos de exclusiva responsabilidade do autor.

CIP-BRASIL. CATALOGAÇÃO-NA-FONTE
SINDICATO NACIONAL DOS EDITORES DE LIVROS, RJ

V538p
Velasco, Suzana
Pra onde quer que eu vá será exílio / Suzana Velasco.- 1. ed.- Rio de Janeiro : Cobogó, 2021.
88 p. (Dramaturgia)
ISBN 978-65-5691-051-2

1. Teatro brasileiro. I. Título. II. Série.

21-74143

CDD: 869.2
CDU: 82-2(81)

Camila Donis Hartmann- Bibliotecária- CRB-7/6472

Nesta edição, foi respeitado o Acordo Ortográfico da Língua Portuguesa de 1990, que entrou em vigor no Brasil em 2009.

Todos os direitos em língua portuguesa reservados à
Editora de Livros Cobogó Ltda.
Rua Gen. Dionísio, 53, Humaitá
Rio de Janeiro — RJ — Brasil — 22271-050
www.cobogo.com.br

Outros títulos desta coleção:

COLEÇÃO DRAMATURGIA

ALGUÉM ACABA DE MORRER LÁ FORA, de Jô Bilac

NINGUÉM FALOU QUE SERIA FÁCIL, de Felipe Rocha

TRABALHOS DE AMORES QUASE PERDIDOS, de Pedro Brício

NEM UM DIA SE PASSA SEM NOTÍCIAS SUAS, de Daniela Pereira de Carvalho

OS ESTONIANOS, de Julia Spadaccini

PONTO DE FUGA, de Rodrigo Nogueira

POR ELISE, de Grace Passô

MARCHA PARA ZENTURO, de Grace Passô

AMORES SURDOS, de Grace Passô

CONGRESSO INTERNACIONAL DO MEDO, de Grace Passô

IN ON IT | A PRIMEIRA VISTA, de Daniel MacIvor

INCÊNDIOS, de Wajdi Mouawad

CINE MONSTRO, de Daniel MacIvor

CONSELHO DE CLASSE, de Jô Bilac

CARA DE CAVALO, de Pedro Kosovski

GARRAS CURVAS E UM CANTO SEDUTOR, de Daniele Avila Small

OS MAMUTES, de Jô Bilac

INFÂNCIA, TIROS E PLUMAS, de Jô Bilac

NEM MESMO TODO O OCEANO, adaptação de Inez Viana do romance de Alcione Araújo

NÔMADES, de Marcio Abreu e Patrick Pessoa

CARANGUEJO OVERDRIVE, de Pedro Kosovski

BR-TRANS, de Silvero Pereira

KRUM, de Hanoch Levin

MARÉ/PROJETO bRASIL, de Marcio Abreu

AS PALAVRAS E AS COISAS, de Pedro Brício

MATA TEU PAI, de Grace Passô

ÃRRÃ, de Vinicius Calderoni

JANIS, de Diogo Liberano

NÃO NEM NADA, de Vinicius Calderoni

CHORUME, de Vinicius Calderoni

GUANABARA CANIBAL, de Pedro Kosovski

TOM NA FAZENDA, de Michel Marc Bouchard

OS ARQUEÓLOGOS, de Vinicius Calderoni

ESCUTA!, de Francisco Ohana

ROSE, de Cecilia Ripoll

O ENIGMA DO BOM DIA, de Olga Almeida

A ÚLTIMA PEÇA, de Inez Viana

BURAQUINHOS OU O VENTO É INIMIGO DO PICUMÃ, de Jhonny Salaberg

PASSARINHO, de Ana Kutner

INSETOS, de Jô Bilac

A TROPA, de Gustavo Pinheiro

A GARAGEM, de Felipe Haiut

SILÊNCIO.DOC, de Marcelo Varzea

PRETO, de Grace Passô, Marcio Abreu e Nadja Naira

MARTA, ROSA E JOÃO, de Malu Galli

MATO CHEIO, de Carcaça de Poéticas Negras

YELLOW BASTARD, de Diogo Liberano

SINFONIA SONHO, de Diogo Liberano

SÓ PERCEBO QUE ESTOU CORRENDO QUANDO VEJO QUE ESTOU CAINDO, de Lane Lopes

SAIA, de Marcéli Torquato

DESCULPE O TRANSTORNO, de Jonatan Magella

TUKANKÁTON + O TERCEIRO SINAL, de Otávio Frias Filho

SUELEN NARA IAN, de Luisa Arraes

SÍSIFO, de Gregorio Duvivier e Vinicius Calderoni

HOJE NÃO SAIO DAQUI, de Cia Marginal e Jô Bilac

PARTO PAVILHÃO, de Jhonny Salaberg

A MULHER ARRASTADA, de Diones Camargo

CÉREBRO_CORAÇÃO, de Mariana Lima

O DEBATE, de Guel Arraes e Jorge Furtado

BICHOS DANÇANTES, de Alex Neoral

COLEÇÃO DRAMATURGIA FRANCESA

É A VIDA, de Mohamed El Khatib | Tradução Gabriel F.

FIZ BEM?, de Pauline Sales | Tradução Pedro Kosovski

ONDE E QUANDO NÓS MORREMOS, de Riad Gahmi | Tradução Grupo Carmin

PULVERIZADOS, de Alexandra Badea | Tradução Marcio Abreu

EU CARREGUEI MEU PAI SOBRE MEUS OMBROS, de Fabrice Melquiot | Tradução Alexandre Dal Farra

HOMENS QUE CAEM, de Marion Aubert | Tradução Renato Forin Jr.

PUNHOS, de Pauline Peyrade | Tradução Grace Passô

QUEIMADURAS, de Hubert Colas | Tradução Jezebel De Carli

COLEÇÃO DRAMATURGIA ESPANHOLA

A PAZ PERPÉTUA, de Juan Mayorga | Tradução Aderbal Freire-Filho

ATRA BÍLIS, de Laila Ripoll | Tradução Hugo Rodas

CACHORRO MORTO NA LAVANDERIA: OS FORTES, de Angélica Liddell | Tradução Beatriz Sayad

CLIFF (PRECIPÍCIO), de José Alberto Conejero | Tradução Fernando Yamamoto

DENTRO DA TERRA, de Paco Bezerra | Tradução Roberto Alvim

MÜNCHAUSEN, de Lucía Vilanova | Tradução Pedro Brício

NN12, de Gracia Morales | Tradução Gilberto Gawronski

O PRINCÍPIO DE ARQUIMEDES, de Josep Maria Miró i Coromina Tradução Luís Artur Nunes

OS CORPOS PERDIDOS, de José Manuel Mora | Tradução Cibele Forjaz

APRÈS MOI, LE DÉLUGE (DEPOIS DE MIM, O DILÚVIO), de Lluïsa Cunillé | Tradução Marcio Meirelles

2021

1ª impressão

Este livro foi composto em Univers.
Impresso pela Imos Gráfica
sobre papel Pólen Bold 70g/m².